LÉSIONS DE L'ANUS

D'ORIGINE VÉNÉRIENNE

ET

RÉTRÉCISSEMENTS CONSÉCUTIFS DU RECTUM

CHEZ LA FEMME

THÈSE

PRÉSENTÉE ET PUBLIQUEMENT SOUTENUE A LA FACULTÉ DE MÉDECINE DE MONTPELLIER

le 20 juillet 1874

PAR

Jean-Emile LAVIGNE

Né à Dignac (Charente)

Ex-interne de l'hôpital civil et militaire du Hâvre
Ex-aide chirurgien de la Société de secours aux blessés

POUR OBTENIR LE GRADE DE DOCTEUR EN MÉDECINE

MONTPELLIER

IMPRIMERIE L. CRISTIN ET Cᵉ, RUE VIEILLE-INTENDANCE, 5

M DCCC LXXIV

A la Mémoire de ma Mère

A MON PÈRE

Hommage de respect filial et de recon-
naissance pour les longs et pénibles sacri-
fices qu'ils se sont imposés pour moi.

J.-E. LAVIGNE.

LÉSIONS DE L'ANUS D'ORIGINE VÉNÉRIENNE

ET

RÉTRÉCISSEMENTS CONSÉCUTIFS DU RECTUM

CHEZ LA FEMME

Dans le cours de mes études, et surtout pendant les quelques mois où il m'a été donné de suivre le service de M. le D' Dubreuil, chirurgien de l'hôpital de Lourcine, j'ai bien souvent été frappé de la fréquence des diverses lésions dont l'anus peut être le siége chez les personnes atteintes de maladies vénériennes. Mais ayant observé que ces lésions se rencontrent le plus souvent chez la femme — car elles sont relativement rares chez l'homme — je me suis proposé de passer en revue dans ce travail les lésions anales d'origine vénérienne chez la femme, d'examiner quelle est l'influence de chacune d'elles sur la production des rétrécissements du rectum, et de terminer par l'étude de ces derniers.

Afin de rendre ce travail plus pratique, j'ai pensé qu'il serait bon de ne pas m'en tenir à l'acception anatomique du mot « anus », et de comprendre sous le nom de « lésions anales », les lésions de l'orifice et celles des parties avoisinantes. En effet, il est bien rare, pour ne pas dire impossible, de rencontrer une lésion quelconque dont le siége soit exactement à l'orifice. Presque toujours la lésion déborde en dehors ou en dedans, souvent des deux côtés à la fois, et enfin bien souvent aussi celles des parties voisines gagnent l'orifice et y produisent les mêmes désordres que les lésions primitivement anales.

Historique. — Au point de vue historique, il n'y a malheu-reusement que peu de choses à dire sur cette question de pathologie, malgré son importance, assez peu connue, grâce surtout au respect humain qui pousse les malades à dissimuler ces affections le plus longtemps possible. A peine trouve-t-on chez les anciens quelques allusions à ces maladies; mais nulle part, à ma connaissance, on ne rencontre une définition nette et précise d'aucune d'elles. Celse, Galien parlent des rhagades, mais ne ,les décrivent guère ; Paul d'Égine en donne un essai de description sous le nom de « *Ulcerationes sedis* », et de « *Inflammationes ani et exuberantiæ.* » Albucasis, sous le nom de fissure à l'anus, Ambroise Paré (1) sous celui de rhagadies, en parlent aussi. Mais de tous ces auteurs aucun ne s'est réellement préoccupé de l'origine de ces affections; aucun surtout n'a songé à l'origine vénérienne.

Benedetti qui, vivant au xv⁰ siècle, a pu l'un des premiers observer la syphilis, recommande de n'en pas confondre les manifestations anales avec les « *ulcerationes ani* » des anciens. Son contemporain, Brassavola, jette un jour nouveau sur la question, en disant dans son *Aphrodisiacus*, que le « *morbus gallicus* » peut s'attrapper par l'anus. Lieutaud, Dionis, J.-L. Petit, Desault, Lisfranc, Cullerier, Boyer, font faire à l'étude de ces affections d'immenses progrès. De nos jours, enfin, des travaux assez nombreux ont été publiés sur cette question, et parmi eux je citerai le mémoire de Tanchou (1),

____

(1) A. Paré, édit. Malgaigne, t. I.
(2) Tanchou, Des rétrécissements de l'urèthre et du rectum. -

celui de Costallat (1), dans lequel il cite Duchadoz, celui de
M. le professeur Benoit (2) sur une nouvelle méthode opératoire pour la cure des rétrécissements du rectum, celui de
M. le professeur Gosselin (3) sur les rétrécissements dits syphilitiques du rectum. Enfin, parmi les publications plus récentes,
nous trouvons l'étude de M. Armand Desprès (4) sur les chancres phagédéniques de l'anus et du rectum, les thèses de
MM. Grynfeltt (5) sur les rétrécissements en général, Gros (6)
sur les rétrécissements du rectum, Aynard (7) sur les plaques
muqueuses, Sirot (8) sur le traitement chirurgical des rétrécissements du rectum, Masson (9) sur la fissure à l'anus, la
discussion de la Société de chirurgie (10) sur les rétrécissements
du rectum, et enfin les articles « *Anus* » dans le *Dictionnaire
encyclopédique des sciences médicales,* et dans celui de médecine et de chirurgie pratiques.

(1) Costallat, D'un nouveau mode de dilatation.
(2) Benoit, *Journal de la Société de médecine pratique de Montpellier,*
1846.
(3) Gosselin, *Archives de médecine.* Paris, 1854.
(4) A. Desprès, *Archives de médecine.* Paris, 1868.
(5) Grynfeltt, Thèse d'agrégation, 1869.
(6) Gros, Thèse de Montpellier, 1859.
(7) Aynard, Thèse de Montpellier, 1863.
(8) Sirot, Thèse de Paris, 1872.
(9) Masson, Thèse de Paris, 1868.
(10) *Gazette des hôpitaux.* Paris, 1872-73.

CHAPITRE Ier.

Lésions de l'anus d'origine vénérienne.

Division. — Au point de vue de la clarté et de la simplicité, la division suivante m'a semblé la meilleure; j'étudierai donc es lésions anales d'origine vénérienne dans l'ordre que j'indique ici ;

1° Lésions blennorrhagiques ;
2° Chancres mous ;
3° Chancres phagédéniques ;
4° Lésions syphilitiques.

1° **Lésions blennorrhagiques.**

Les lésions blennorrhagiques comprennent les érosions et les fissures. La blennorrhagie dans ces cas agit-elle comme maladie virulente ou simplement comme maladie inflammatoire? MM. Péan et Malassez (1), penchent pour cette dernière opinion, laquelle me semble un peu excessive; en effet, je crois qu'on ne saurait tenir un trop grand compte du contact plus ou moins prolongé sur la muqueuse anale du muco-pus blennorrhagique dont la virulence pourrait, presque à elle seule, expliquer la production de ces affections.

Cependant il est certain que la blennorrhagie agit en même temps comme cause de vive inflammation.

(1) Péan et Malassez, ulcérations anales.

ÉROSIONS.

Dues à l'irritation et à l'inflammation produites par le contact du pus blennorrhagique sur la muqueuse anale, les érosions occupent généralement tout le pourtour de l'orifice, et quelquefois pénètrent jusque dans la portion sphinctérienne.

Ce sont des surfaces d'un rouge vif, piquetées habituellement de petits points blancs, et tranchant sur la couleur de l'épiderme des parties voisines, lequel est blanchâtre et comme un peu macéré.

Chez les malades qui négligent les soins de propreté, il s'exhale de toute la région une odeur fade, nauséeuse très-repoussante. Les démangeaisons sont plus ou moins vives, et, si l'érosion est interne, la défécation peut être assez difficile et assez douloureuse.

Le traitement doit être local et général. Ce dernier consiste à chercher à faire disparaître la cause première de l'affection, c'est-à-dire la blennorrhagie; le traitement local se compose de soins de propreté surtout : dessèchement des parties érodées, lavages avec un liquide faiblement astringent, pansements avec les poudres d'amidon, de lycopode, etc., et enfin repos; si l'érosion est interne, mèches induites d'une composition astringente, le glycérolé au tannin par exemple.

Les érosions n'ayant qu'une importance très-secondaire, sinon nulle, au point de vue de la pathogénie des rétrécissements, je n'ai pas cru devoir en donner d'observation : aussi ne m'y arrêterai-je pas plus longtemps.

FISSURES.

Les fissures anales sont aussi connues sous les noms, moins souvent employés, de rhagades, gerçures, crevasses.

Il n'y a que peu de temps encore que l'on décrit deux espèces de fissures ; car jusqu'à nos jours on ne connaissait et on ne décrivait guère que celle qui est accompagnée de névralgie et de spasme. Cependant il en existe une autre dont la complète indolence a longtemps empêché la recherche, mais dont les symptômes et souvent le traitement sont tout à fait différents de ceux qui sont attachés à la fissure de la première espèce. M. le professeur Gosselin (1) les nomme « tolérante » et « intolérante. »

Je conserverai ces qualificatifs qui me semblent exprimer heureusement les différences symptomatiques de ces deux genres de lésions.

Fissure tolérante. — Celte affection, extrêmement fréquente, a longtemps échappé et échappe encore souvent à l'observation, grâce au peu de douleur qui l'accompagne et la fait méconnaître ou négliger par les malades.

On la rencontre chez les femmes dont la région anale est irritée par le contact du muco-pus blennorrhagique. Les tissus, ainsi baignés par ce liquide, deviennent plus friables et moins résistants qu'à l'état normal, et la fissure se produit alors sous l'influence du moindre effort, de la plus légère constipation. Il est à observer d'ailleurs que la fissure et la constipation, celle-ci plus ou moins forte et persistante, coexistent toujours et réagissent l'une sur l'autre, étant tour-à-tour cause et effet.

La fissure tolérante, comme cachée dans le sillon qui sépare deux plis rayonnés voisins, siége à la marge de l'anus, d'ordinaire en avant ou en arrière, quelquefois sur les côtés. Pour la chercher, M. Chassaignac (2) recommande d'introduire dans le rectum un petit ballon en caoutchouc et de l'insuffler ; on

(1) Gosselin, art. « *Anus* », Dict. de méd. et de chir. pratiques.
(2) Chassaignac, art *Anus*, Dict. encycl. des sciences médicales.

l'attire alors à soi, ce qui renverse la muqueuse, et on amène ainsi au-dehors les lésions de la paroi interne du rectum. Mais on arrive au même résultat en déplissant la région avec la main et en recommandant en même temps aux malades de pousser comme s'ils voulaient aller à la selle. Le spéculum de M. Sims peut aussi rendre d'utiles services.

Cette fissure, longue de un à deux centimètres, et n'ayant qu'une largeur virtuelle quand l'anus n'est pas dilaté, représente une petite ulcération allongée qui, sous la traction des doigts, prend la forme d'un triangle à sommet rectal et à base tournée en dehors. Le spéculum de Sims lui donne une forme ellipsoïde. Le fond dont l'aspect général est gris rosé, présente de nombreuses stries dirigées suivant l'axe de la lésion, les unes gris-jaunâtre et les autres d'un rouge assez vif. La fissure exsude un peu de sérosité transparente, mais ne présente ni pus ni pseudo-membrane grisâtre. Les condylomes, quand ils existent, sont très-petits et situés au-dehors de l'orifice anal, à l'extrémité externe de la lésion ; très-souvent ils présentent à leur base une petite fissure transversale.

Dans ce genre de lésions, la douleur, souvent vive, mais sans présenter jamais le caractère névralgique, n'est due qu'au passage des matières fécales sur la fissure et n'existe que pendant la défécation. On ne rencontre que peu ou point de contracture et jamais de spasme.

Le traitement est des plus simples : éloigner toute cause d'irritation, pansements avec mèches enduites de glycérolé au tannin, et si la cicatrisation est trop lente, toucher légèrement avec le crayon de nitrate d'argent. Si la cicatrisation est très-paresseuse, si l'on voit la fissure rester stationnaire, dans la plupart des cas, on se trouvera bien de la dilatation brusque.

La terminaison de cette lésion est favorable et rapide ; cependant il arrive parfois chez les personnes nerveuses que la fissure de tolérante devient intolérante, et c'est dans ce cas

seulement qu'elle peut devenir la cause occasionnelle d'un rétrécissement du rectum, à la suite de complications qui seront
décrites plus loin.

Observation I (1).

Vaginite. — Végétations à la vulve. — Fissure anale.

La nommée T.... Antoinette, âgée de 22 ans, entrée le
8 octobre 1871, salle Sainte-Monique, n° 8, fut prise, il y a deux
mois environ de douleurs en urinant et d'un écoulement jaune-
vert. Elle se soigna par des bains et des injections d'un liquide
dont elle ne peut dire le nom. L'écoulement avait diminué,
mais en même temps il lui était venu des végétations à la vulve,
lesquelles se sont développées très-rapidement.

Voici l'état qu'elle présente à l'examen : végétations considérables à la vulve pénétrant assez loin dans le vagin dont la
muqueuse est rouge ; écoulement jaune abondant.

L'entrée du spéculum est douloureuse et occasionne un léger
écoulement sanguin dû aux végétations vaginales.

L'anus présente à sa partie antérieure une légère fissure peu
douloureuse et accompagnée d'un peu de contracture.

Bains ; tampons d'alun tous les huit jours ; attouchement de
la fissure avec le crayon de nitrate d'argent ; les petites végétations commençantes sont touchées avec un pinceau imbibé
de nitrate acide de mercure.

25 novembre. — L'écoulement a considérablement diminué ;
la contracture a disparu et la fissure est remplacée par une
petite surface opaline de cicatrisation.

La malade est chloroformée et les grosses végétations vul-

(1) Hôpital du Hâvre.

vaires enlevées avec l'écraseur de Chassaignac. — Pansement des plaies avec poudre de sabine et cérat simple.

27 décembre. — La guérison est complète et la malade quitte l'hôpital.

Fissure intolérante. — Au point de vue du siège, de la forme et des dimensions, la fissure intolérante ne diffère en rien de la précédente ; aussi ne parlerai - je que des symptômes , de la contracture, de la névralgie et du traitement.

Quelle est la pathogénie de ce genre de fissure ?

Pour Boyer (1), la contracture du sphincter était toute la maladie et la fissure un simple épiphénomène dû à la lésion de la muqueuse, lésion produite par le passage des matières à travers un orifice rétréci. Il fondait son opinion sur ce que la section du sphincter amenait la guérison. Trousseau (2), au contraire, professait que la fissure est le phénomène primordial dont la contracture est l'effet et que le spasme sphinctérien est dû à une action réflexe, conséquence de la vive douleur produite par le passage des matières fécales sur la fissure, et il s'attaquait directement à l'élément fissure. disant que la contracture et le spasme disparaîtraient avec leur cause première : *Sublatâ causâ, tollitur effectus.* — Partis de deux théories et de deux traitements opposés, ces deux illustres praticiens arrivaient au même résultat, la guérison de la maladie, résultat qui s'explique facilement si l'on admet — ce dont je suis profondément convaincu — que la fissure et la contracture peuvent s'engendrer et s'aggraver réciproquement, et qu'il est indiqué alors de rompre ce cercle morbide en un point ou en l'autre.

(1) Boyer, Traité des maladies chirurgicales.
(2) Trousseau, Clinique médicale.

D'après Chassaignac (1) et Gosselin (2), la fissure intolérante est une simple fissure survenue chez une personne atteinte de nervosisme, c'est-à-dire que le spasme et la névralgie, l'intolérance, en un mot, ne sont que la manifestation d'une sensibilité générale excessive, ce qui revient à dire avec Trousseau qu'ils sont dus à une action réflexe. M. Grynfeltt (3) partageant cette manière de voir, dit: « Dans tous ces cas (fissure, exulcération), le spasme est un phénomène qu'on peut parfaitement expliquer par la théorie des mouvements réflexes. »

Rare chez l'enfant et le vieillard, beaucoup plus fréquente chez la femme que chez l'homme, cette fissure se rencontre surtout à la période moyenne de la vie.

Les personnes atteintes de cette affection se plaignent d'un sentiment continu de plénitude et de tension, et surtout de douleurs atroces au moment de la défécation, de l'introduction du doigt ou du spéculum, et même de la marche, de la toux, etc. Outre ces douleurs, les malades éprouvent des accès de névralgie caractéristiques, survenant quinze à vingt minutes en moyenne après la défécation, ces accès souvent sont douloureux au point de ne pas permettre aux malades de se tenir assis, même sur leur lit. La contraction du sphincter, très-énergique pendant ces accès, persiste dans l'intervalle, mais bien moins intense. Ces accès se produisent même quand les matières sont molles et liquides ; mais la constipation est habituelle et beaucoup plus opiniâtre que dans la fissure tolérante. Ces accès névralgiques et spasmodiques rendent la confusion impossible entre les deux genres de fissure. Quant aux condylomes, ils se rencontrent plus souvent et sont un peu plus volumineux dans ce genre de fissure que dans la tolérante. Enfin,

(1) Chassaignac, *loc. cit.*
(2) Gosselin, *loc. cit.*
(3) Grynfeltt, *loc. cit.*

les malades souffrant beaucoup, mangeant peu, dépérissent et montrent une susceptibilité nerveuse exagérée.

Quant au traitement, je crois qu'il est bon de commencer par essayer celui qu'indique Trousseau (1), quitte, s'il est démontré insuffisant, à avoir recours à des moyens plus énergiques. Trousseau conseille, si la fissure est externe, des lotions simples, deux ou trois fois par jour, avec :

Eau . . . . 150 gr.
Extrait de ratanhia . . . . ⎫
Teinture de ratanhia . . . . ⎬ āā 1 à 4 gr.

Si elle est profonde, le même liquide en lavement à jet continu pendant trois ou quatres minutes. Il recommande aussi l'injection au sulfate de cuivre, 15 centigrammes pour 150 gr. d'eau. Les douleurs, dit Trousseau, d'abord aggravées par ce traitement se calment bientôt. Il faut en même temps ordonner des laxatifs et des lavements à l'eau de son.

Les mèches enduites de pommade belladonée, avec laxatifs et lavements, rendent aussi de grands services, ainsi que les cautérisations au crayon de nitrate d'argent dont on est malheureusement obligé d'user modérément à cause des douleurs excessives qu'elles produisent.

Si ces divers moyens, que je nommerai moyens de douceur ne réussissent pas il faut avoir recours à une médication plus énergique, dilatation lente ou brusque, incision ou excision.

L'excision me semble devoir être condamnée par ce seul fait que, n'offrant aucun avantage sur les autres méthodes, elle expose à plus de dangers.

Boyer employait l'incision faite avec le bistouri ; pour moi, je crois l'écraseur de beaucoup préférable, et j'ai pensé qu'il

(1) Trousseau, *loc. cit.*

serait bon de citer textuellement le procédé opératoire conseillé par M. Chassaignac : « Le malade étant couché sur le dos, les deux jambes relevées et modérément écartées, et le corps reposant transversalement soit sur le rebord d'un lit résistant, soit sur une table garnie de couvertures de laine et d'alèzes pliées en plusieurs doubles, on l'endort à l'aide du chloroforme, s'il redoute trop vivement la douleur. Le chirurgien fait pénétrer à un centimètre et demi, deux centimètres au plus de l'orifice anal, un trocart courbe, dont il reçoit la pointe entre les deux premiers doigts de la main gauche qu'il a préalablement placés à l'intérieur du rectum. Lorsque ce premier temps est accompli, on fait ressortir à travers l'anus la pointe du trocart qui a compris dans son trajet l'épaisseur plus ou moins complète du sphincter ; on fait pénétrer alors dans l'extrémité libre de la canule, dont on a retiré le poinçon, une chaîne que l'on ramène de la muqueuse vers la peau en même temps que la canule, et on termine l'opération par la section de tous les tissus compris dans l'anse formée par la chaîne.

» Le résultat est très-satisfaisant et la guérison radicale. Le pansement est simple ; il consiste à appliquer, pendant les vingt-quatre heures, un bandage en T soutenant quelques compresses d'amadou. Point de suppuration. Cicatrisation isolée des deux lèvres de l'incision. »

La dilatation lente cause de vives douleurs, exige un temps très-long et ne donne pas toujours un résultat favorable. La dilatation brusque avec les doigts ou bien avec un ou plusieurs spéculums, donne d'excellents résultats. C'est le procédé qui me semble offrir le plus d'avantages, et exposer le malade à moins d'inconvénients possibles. Il est utile, comme le conseille et le pratique M. le Dr Dubreuil, afin d'activer la cicatrisation et d'empêcher le retour de la contraction en maintenant une certaine dilatation, de faire un pansement consécutif avec des mèches enduites de cérat ou d'une pommade astringente.

Observation II (1).

Vaginite aiguë. — Double fissure anale.

La nommée Leq..... (Marie), âgée de 17 ans, entrée le 51 mai 1873, salle Sainte-Marie, n° 10, est enceinte de six mois, dit-elle.

A l'examen, on constate une vaginite.

Le 4 juillet, elle accouche d'un enfant mâle en très-bon état.

Vers le 20 août, la malade remise des suites de son accouchement, mais qui a encore une vaginite intense, éprouve des douleurs violentes en allant à la selle.

A l'examen, on constate à droite une fissure avec contracture du sphincter.. — Condylome à l'extrémité externe de la lésion.

Tampons d'alun tous les huit jours, et attouchement de la fissure avec le crayon de nitrate d'argent. — Amélioration presque insensible.

5 octobre. Dilatation au moyen de deux spéculums.

Les jours suivants, la malade accuse la même souffrance qu'avant l'opération. — Mèches enduites de pommade belladonée tous les jours.

21 octobre. La malade va beaucoup mieux ; elle souffre cependant encore un peu.

28 octobre. On constate une nouvelle fissure à gauche, sans contracture du sphincter ; second condylome à l'extrémité externe. — Cautérisation avec le crayon de nitrate d'argent.

3 novembre. A l'examen de la malade, on constate de la

(1) Hôpital de Lourcine, service de M. Dubreuil.

contracture du sphincter. — Dilatation au moyen de deux spéculums, la malade étant endormie.

4 novembre. — La malade n'a pas encore été à la garde-robe depuis l'opération de la nouvelle fissure. Cependant on peut croire que l'opération a réussi, car elle n'éprouve aucune douleur lorsqu'elle est assise sur son lit; aucun picotement.

5 novembre. La malade a été à la selle deux fois : douleurs très-vives. — Depuis, elle ne peut rester assise sur son lit. — Les grandes lèvres sont légèrement enflées.

6 novembre. On constate un condylome à l'anus et de l'œdème de la grande lèvre gauche.

8 novembre. Ulcération sur la première fissure. — La deuxième est guérie. — Cautérisation au crayon de nitrate d'argent.

20 novembre. La malade accuse toujours des douleurs pendant la défécation. — Lavements avec 4 gouttes de sous-acétate de plomb.

4 décembre. Excision à l'aide des ciseaux des deux condylomes.

10 décembre. La fissure est guérie, et il ne reste plus qu'un peu de suppuration entretenue par l'écoulement blennorrhagique sur les plaies produites par l'excision des condylomes.— Mais la guérison est assurée

Les fissures tolérante et intolérante sont assez rarement suivies de rétrécissement du rectum; cependant quand les fissures coexistent ou se succèdent nombreuses et à surface relativement étendue, elles peuvent amener l'inflammation et par suite l'épaississement et l'induration de le muqueuse rectale, et de plus le tissu cicatriciel qui les remplace peut former des brides, une virole ou une portion de virole autour de l'intestin dont le calibre se trouve ainsi diminué. Mais je m'empresse d'ajouter que ces cas ne se présentent pas souvent, et qu'on peut, par un traitement méthodique, prévenir et empêcher la formation du rétrécissement.

2° **Chancres mous**.

Les chancres mous de l'anus siègent à la marge ou dans le conduit anal. Ceux de la marge ne diffèrent pas de ceux du périnée et de la portion cutanée de la vulve; ceux du conduit anal et de son orifice, placés entre les plis radiés, s'étendent souvent jusqu'au niveau du bord supérieur du sphincter interne. Ils siègent de préférence en arrière. Par le toucher, on sent une ulcération allongée, longue de deux à trois centimètres, large d'un demi-centimètre au moins, et atteignant jusqu'à 6 ou 7 centimètres, et alors c'est une ulcération large, à fond grisâtre, recouverte d'un pus ichoreux. La base est molle ou ne présente qu'une induration inflammatoire. Dans la période d'état du chancre, les bords sont peu réguliers, taillés à pic, décollés souvent. un peu violacés, la suppuration, assez abondante, est remplacée, quand on l'essuie, par un liquide transparent qui devient rapidement trouble et épais. Les ganglions de l'aine sont habituellement engorgés et suppurent parfois. D'ordinaire les douleurs sont assez vives, et viennent par accès qu'éveillent ou exaspèrent la défécation, la marche, la position assise. On observe aussi parfois de la contracture. On reconnaît encore l'existence de ces chancres à un écoulement de pus qui tache le linge en jaune-verdâtre. De plus, quand ils ont eu une longue durée, le doigt, lorsqu'on le retire après le toucher rectal, est accompagné d'une grosse larme de matière épaisse et purulente. Cette matière est fournie non seulement par le chancre, mais aussi et surtout par la muqueuse rectale dont l'inflammation est amenée et entretenue par le voisinage de la lésion chancreuse et probablement aussi par la constipation, laquelle existe en effet ordinairement et rend la défécation très-douloureuse. Enfin, les malades éprouvent souvent le besoin d'aller à la garde-robe, besoin dû à la présence de cette matière purulente.

Ces chancres presque sans exception, présentent à leur extrémité externe un condylome que j'étudierai un peu plus loin. Une fois produit, le chancre envahit souvent le condylome et le conduit anal.

Cette extension est due non seulement à ce qu'elle se fait de proche en proche, mais elle est due le plus souvent au voisinage d'un autre chancre qui, s'unissant au premier, forme avec lui une seule et large surface ulcérée. L'extension en profondeur est très-variable ; elle peut dépasser la muqueuse

La durée de ces chancres est généralement très-longue, et ce n'est que par des soins méthodiques et prolongés que l'on en obtient la guérison. Les bords s'affaissent, se cicatrisent et, n'étant plus décollés, se continuent avec le fond qui, s'élevant, devient rouge ou rosé, puis se cicatrise à son tour en se couvrant d'une pellicule opaline. Quant aux condylomes, ils guérissent spontanément ou du moins diminuent sensiblement.

Le chancre mou se reconnaîtra assez facilement à l'absence de commémoratifs, à la largeur de l'ulcération, à son aspect grisâtre, à ses vives douleurs. Enfin, l'auto-inoculation est un signe précieux.

Le pronostic doit toujours être très-réservé, à cause de la longue durée de l'affection et surtout à cause des complications qui peuvent survenir, phagédénisme, ulcère, fistules, fissures, rétrécissement et même syphilis, selon quelques auteurs.

Quant au traitement, il ne diffère en rien du traitement du chancre mou des autres régions. Les uns (1) conseillent, surtout si les douleurs sont vives, des bains, des lotions émollientes, la poudre d'amidon, des lavages avec injections d'eau tiède, et

____

(1) Gosselin, *loc. cit.*

enfin un pansement avec charpie enduite de cérat simple, opiacé ou belladoné. Malgré la grande autorité de M. le professeur Gosselin, je crois cette méhode dangereuse, parce que n'amenant que trop lentement la guérison, elle expose davantage les malades à un rétrécissement du rectum. Je préfère de beaucoup la méthode des cautérisations; elle est plus douloureuse, il est vrai, mais amène généralement une guérison beaucoup plus rapide. Ainsi M. Gosselin dit qu'il faut huit à dix semaines au moins pour que l'ulcère tende à la cicatrisation, tandis que par les cautérisations, on obtient ce résultat assez souvent en trois ou quatre semaines (voir obs. III et IV). Il faut avoir soin d'entretenir le ventre libre, car la constipation aggrave les douleurs: 50 à 60 centigr. de rhubarbe tous les deux jours.

Condylomes — Les condylomes, dus à une hypertrophie du tissu cutané, sont des excroissances qui siégent sur le pourtour de l'orifice anal à l'extrémité externe de l'ulcération et sur la même ligne longitudinale qu'elle. Parfois on en rencontre à l'extrémité interne, faisant saillie dans le rectum, et dus alors à l'hypertrophie du tissu muqueux. Les condylomes internes sont souvent supportés par un pédicule, tandis que les externes sont ordinairement sessiles.

Ils ne constituent pas une affection spécifique, mais toute locale, et s'ils sont plus volumineux avec les chancres mous qu'avec les autres lésions anales, cela est dû à une modification toute spéciale et inexplicable (1) de la vitalité, conséquence de l'inoculation et de l'imprégnation par le virus vénérien. Leur volume varie depuis celui d'un petit pois jusqu'à celui d'une noisette: les externes sont plus volumineux que les in-

______

(1) Gosselin, *loc. cit.*

ternes. Leur consistance est assez grande, presque fibreuse, et leur tension continue, ce qui ne permet pas de les confondre avec les hémorrhoïdes dont la consistance et la tension ne sont qu'accidentelles, et qui d'ailleurs ont une couleur violacée que n'offrent pas les condylomes. Ces derniers sont le plus souvent ovoïdes, quelquefois aplatis d'un côté à l'autre; leur grand axe est parallèle aux replis de l'anus. Ils ne sont pas douloureux par eux-mêmes, et se développent parallèlement au chancre. La peau qui les recouvre est saine, mais le chancre peut les envahir et gagne alors de leur partie interne à leur partie externe; et quand on déplisse l'anus, on voit la lésion du condylome se continuer avec celle du conduit.

Pour traiter le condylome, on traitera d'abord le chancre, parce que celui-ci disparu, le condylome s'atrophiera et guérira spontanément dans la plupart des cas. Cependant s'il persistait, ou bien si trop volumineux, il était une cause de gêne et de douleur pour le malade, on pourra l'exciser avec les ciseaux, même quand le chancre est encore en activité; car les inconvénients de cette excision sont, sinon nuls, du moins bien médiocres et ne peuvent entrer en comparaison avec la gêne extrême et la douleur qu'occasionne un condylome volumineux, surtout s'il est ulcéré. On peut par le même procédé enlever les condylomes internes.

Végétations. — Les diverses végétations, dans la description desquelles je n'ai pas cru devoir entrer dans ce travail, se rencontrent dans toutes les maladies vénériennes, blennorrhagie, plaques muqueuses, chancres mous; mais elles m'ont semblé être concomitantes surtout à ces derniers. Une remarque digne d'intérêt, c'est que les femmes blondes et lymphatiques y sont beaucoup plus exposées que les brunes, et souvent chez elles la plus légère affection vénérienne se complique de végétations. Enfin, ces végétations, quelle que soit l'affection à laquelle elles sont liées, diminuent le calibre du conduit anal, et par leur cicatrisation et l'inflammation qu'elles occasionnent, le prédisposent singulièrement à un rétrécissement consécutif. Aussi doit-on surveiller attentivement la marche des plaies causées par leur excision.

Observation III (1).

Chancre mou de la vulve et de l'estomac.

La nommée Le G... Yvonne, âgée de 24 ans, entrée le 9 décembre 1871 à l'hôpital du Hâvre, salle Sainte-Monique, N° 14, présente :

1° A la grande lèvre gauche, une ulcération à bords irréguliers et peu saillants, non décollés et rosés ; le fond gris rosé comme les bords, suinte légèrement. La base présente une induration inflammatoire et fait saillir un peu l'ulcération au-dessus des tissus circonvoisins.

Il y a aussi une mono-adénite gauche.

2° A l'anus, deux condylomes violacés, l'un en arrière et l'autre en avant, mais un peu à droite. Tous les deux sont ulcérés à leur face interne, et l'ulcération remonte dans le rectum jusqu'au niveau du bord supérieur du sphincter.

Il n'y a pas de contracture : le toucher est douloureux. La malade a des alternatives de diarrhée et de constipation, et perd souvent du sang par l'anus.

A l'âge de 19 ans, elle avait déjà eu des boutons aux parties, lesquels avaient été cautérisés et guéris en quelques semaines.

Elle ne présente aucune trace de syphilis, et les commé-

(1) Hôp. du Hâvre.

moratifs nous portent à croire qu'elle n'a jamais été atteinte de cette affection.

Pour assurer le diagnostic, le pus des diverses ulcérations est inoculé : toutes donnent des chancres mous. La malade est traitée par les cautérisations.

20 janvier 1872. La guérison est complète et la malade quitte l'hôpital.

Observation IV (1).

Vaginite. — Chancre mou de l'anus. — Fissure devenue chancreuse.

La nommée Ju... Octavie, âgée de 22 ans, couturière, est entrée le 6 septembre 1873 à l'hôpital de Lourcine, salle Sainte-Marie, N° 11.

A l'examen, on constate une vaginite assez intense et deux ulcérations anales, l'une antérieure et l'autre postérieure, toutes deux triangulaires et à sommet rectal. L'antérieure plus profonde, présente des bords taillés à pic, un fond grisâtre strié de quelques lignes rouges longitudinales, et se continue avec la face interne ulcérée d'un condylome placé à sa base. — La postérieure, beaucoup plus superficielle, a des bords à peine saillants, un fond rosé, et semble comme cachée au fond d'un repli anal. A sa base est un petit condylome pédiculé dont la face interne présente une ulcération ne se continuant pas avec la fissure. Cette ulcération répond exactement à celle du condylome antérieur.

L'anus est fortement contracturé et la malade éprouve une douleur très-vive, exaspérée par la défécation, le toucher, la marche. La malade, d'ordinaire très-constipée, perd du muco-

(1) Hôp. Lourcine, service de M. Dubreuil.

pus par le fondement et ses matières sont striées de sang. Il y a trois mois, la malade commença à souffrir de l'anus en allant à la selle, et c'est à ce moment qu'elle constata la présence du bouton qui a persisté (condylome). Les douleurs sont devenues de plus en plus vives et intolérables ; mais la malade ne perd, dit-elle, que depuis deux mois. Elle affirme n'avoir eu qu'un seul amant, que d'ailleurs elle ne croit pas malade, et jamais elle ne s'est livrée avec lui à aucun rapport contre-nature. Elle affirme n'avoir jamais eu aucune maladie vénérienne antérieure ; elle n'en présente d'ailleurs aucune trace. — Jusqu'à son entrée à l'hôpital, la malade s'est soignée chez elle avec des lavements et des lotions alcoolisées.

7 septembre. On inocule le pus : 1° de l'ulcération antérieure ; 2° de l'ulcération du condylome postérieur ; 5° de l'ulcération postérieure. — Bains ; pas d'autre traitement.

18 septembre. L'inoculation de l'ulcération postérieure a seule manqué ; les deux autres ont réussi. L'aspect des ulcérations est le même ; la postérieure est cependant moins rosée, et ses bords un peu plus saillants et comme relevés.

A la suite des bains, la malade a éprouvé un grand soulagement.

Tous les huit jours, cautérisations au nitrate d'argent. Chacune d'elles cause une douleur qui dure environ deux heures, mais est suivie d'un mieux sensible, augmentant à chaque fois. Après la seconde, la douleur et l'écoulement sanguin causés par la défécation avaient presque disparu ; la malade rendait beaucoup moins de matières muco-purulentes.

17 octobre. Les ulcérations sont remplacées par une surface opaline de cicatrisation ; la contracture a disparu sans dilatation ; l'écoulement vaginal s'est tari, les condylomes flétris ; la malade n'éprouve plus aucune douleur, et quitte l'hôpital parfaitement guérie.

3° **Chancres phagédéniques.**

Bien qu'il ne m'ait pas été donné d'observer de chancre phagédénique, ni de l'anus ni du rectum, je n'ai pas cru devoir passer cette lésion sous silence, parce que ce chancre est le plus grave de tous comme accident local, et parce qu'il est très-souvent suivi de rétrécissement rectal. « Tous les grands chancres du rectum doivent se terminer par un rétrécissement (1). » C'est une phase du mal, ce n'en est pas une complication.

Je résumerai donc brièvement ici ce que j'ai trouvé dans les auteurs sur ce sujet.

Les chancres phagédéniques du rectum sont des ulcérations peu profondes, à bords taillés à pic, irrégulières, qui ont pour origine soit un chancre mou, soit une plaque muqueuse ulcérée de l'anus. Beaucoup plus rarement le chancre rectal est produit directement par des rapprochements contre-nature (2). Le phagédénisme affecte surtout le chancre mou ; cependant on le voit sévir quelquefois sur des chancres infectants (Ricord).

Les lésions observées par M. le professeur Gosselin sont : une ulcération irrégulière, à bords déchiquetés et siégeant au-dessus, au niveau ou au-dessous du rétrécissement, dans une partie dilatée du rectum ; des clapiers ou des communications accidentelles ulcéreuses entre le rectum et les organes voisins ou une fistule anale ; des cicatrices d'ulcération qui ont été vues au voisinage d'ulcérations à la période d'état. Il n'est pas fait mention d'engorgements ganglionnaires voisins.

(1) A. Després, *loc. cit.*
(2) A. Després, *loc. cit.*

La marche et la guérison du chancre phagédénique sont extrêmement irrégulières.

M. Desprès dit que les ulcérations chancreuses de l'anus, lorsqu'elles ne datent pas de plus d'un mois, sont faciles à guérir. Pour moi, je suis porté à croire que le pronostic doit, dans tous les cas, être extrêmement réservé.

Comme traitement, M. Desprès conseille les cautérisations avec une solution caustique, et surtout la solution saturée de chlorure de zinc, parce que ce caustique ne cautérise que les surfaces dépourvues d'épithélium. Il recommande en outre un ou deux lavements huileux quotidiens, et des mèches enduites d'une pommade dont il donne la composition :

> Axonge...................... 5 parties
> Glycérine.................. 1 —
> Onguent de la mère......... 2 —

Aucun traitement général spécifique, ajoutent MM. Desprès et Gosselin, n'est bon contre les ulcérations phagédéniques, et serait plutôt nuisible. « Le phagédénisme ne se produit guère que chez les individus dont la constitution est affaiblie par une cause quelconque. Aussi est-ce en modifiant la constitution par un traitement général qu'on met un terme au phagédénisme.

.... On semble posséder aujourd'hui un pécifique, en quelque sorte, contre les terribles accidents que détermine le phagédénisme dans les plaies. De simples pansements avec la solution de tartrate ferrico-potassique et l'administration du fer à l'intérieur sont venus à bout de la plupart des accidents de ce genre (1). »

La ligne de conduite que je me proposerais de suivre, un cas de phagédénisme étant donné, quel qu'en fût le siége, serait d'appliquer le traitement local conseillé par M. Desprès, et, de

______

(1) Littré et Robin, Dictionnaire de médecine, 12me édition.

plus, le malade étant bien examiné, d'aider le traitement local par une médication générale, fortifiante, si la constitution est affaiblie (chloro-anémie, etc.), ou combattant la diathèse, s'il y a lieu (scrofules, tubercules). Cette façon d'agir me serait inspirée par un cas de phagédénisme dont j'ai été témoin, et que je rapporte ici en quelques mots.

Etant interne à l'hôpital du Hâvre dans le service des vénériens, j'ai pu observer pendant quelques mois un chancre phagédénique qui, parti d'une plaque muqueuse ulcérée du scrotum, avait envahi les faces interne et antérieure de la cuisse gauche dans leur tiers supérieur à peu près, ainsi que la région inguinale et la partie inférieure de l'abdomen correspondantes. Le chef du service, depuis longtemps déjà avant mon arrivée, avait cessé le traitement spécifique de la syphilis, et traitait cette ulcération serpigineuse par les cautérisations alternées au fer rouge et au crayon de nitrate d'argent. Je dois à la vérité d'avouer que les bons effets de cette médication étaient, sinon nuls, du moins bien peu sensibles. Le malade était très-débilité, et je suis porté à croire que si l'on eût ajouté à la médication un régime fortifiant, comme le conseillent MM. Littré et Robin, les effets obtenus eussent été autrement satisfaisants.

N'ayant pas d'observation personnelle, j'emprunte la suivante au mémoire que M. Desprès a publié sur les chancres phagédéniques du rectum, bien que dans cette observation, comme d'ailleurs dans tout le cours de son travail, ce chirurgien me semble un peu porté à trouver facilement les signes du phagédénisme.

Observation V (1).

Chancre mou phagédénique de l'anus et du rectum.

La nommée G... Fanny, 58 ans, atteinte de roséole, dit-elle, il y a deux ans, a été traitée pendant un mois par le mercure et a pris trente pilules de proto-iodure, une par jour, dans le service de M. Verneuil. Depuis cette époque, la malade n'a éprouvé aucun accident de syphilis constitutionnelle.

Elle était habituellement constipée.

Entrée à la salle Saint-Alexis, n° 24, le 5 octobre 1867, la femme G.... présentait des ulcérations de la largeur d'un pois, à bords taillés à pic et à fond gris-jaunâtre, qui occupaient la face interne des grandes lèvres, les petites lèvres, le périnée et l'anus. Un ganglion était engorgé dans le pli de l'aine droite; il avait le volume d'une noix et était douloureux. A ces caractères on reconnaissait des chancres mous, multiples, compliqués d'adénite. Le mal était d'ailleurs récent : il datait de vingt-un jours. La malade souffrait en allant à la garde-robe. Parmi ces chancres mous, deux méritent l'attention : il y en a un sur un repli hypertrophié de la peau et de la muqueuse anale, en avant, au niveau du raphé périnéal, et c'est en écartant l'anus à droite et à gauche qu'on peut bien voir sous ce pli une ulcération à bords déchiquetés, taillés à pic, avec un fond jaunâtre, de l'étendue d'une pièce de 50 centimes, et qui se prolonge dans le rectum. En introduisant le doigt graissé dans l'anus, on suit une surface ulcéreuse, irrégulière, grenue, tranchant avec la surface lisse de la muqueuse rectale, sentie à côté, et s'élevant à deux centimètres environ au-dessus de l'anus. — L'autre

(1) A. Després, *loc. cit.*, obs. II.

ulcération est située sur le côté ; elle est plus large que la précédente, quoiqu'elle n'occupe à l'extérieur qu'un pli de l'anus,
mais elle pénètre moins profondément que la première ulcération ; à son niveau, il y a, à la marge de l'anus, un repli
muqueux hypertrophié, un condylome. — Cautérisation de
tous les chancres avec la solution saturée de chlorure de zinc ;
cataplasmes sur le bubon ; repos au lit ; lavements huileux.

Les chancres du rectum sont cautérisés avec un pinceau imbibé de la solution de chlorure de zinc ; des mèches enduites
de pommade à l'onguent de la mère sont placées, pendant
vingt-quatre heures, tous les jours.

Au bout de dix jours, les chancres de la vulve étaient cicatrisés , le ganglion était revenu à son volume normal. Les
chancres de l'anus seuls persistaient ; ils avaient même pénétré
plus avant, car la malade, indocile et paresseuse, ne prenait et
ne laissait prend re aucun soin d'elle.

Des |cicatrisations ont été |faites par le chirurgien deux fois
par semaine, puis l'usage des mèches a été plus régulier. Quand
la portion de l'ulcère visible est devenue rouge, en même temps
que le repli cutané s'affaissait, et quand l'ulcération rectale la
diminué, les cautérisations ont été cessées.

Le 1er décembre, la malade qui continuait l'usage des mèches,
était guérie ; le doigt introduit dans le rectum sentait partout
une surface lisse, et la malade ne souffrait plus.

4° Lésions syphilitiques.

Elle se divisent naturellement en trois groupes : lésions primaires, secondaires, tertiaires. Au deuxième groupe, le plus
important dans l'espèce, j'ajouterai le groupe accessoire des
lésions concomitantes aux plaques muqueuses.

1° LÉSIONS PRIMAIRES.

Elles sont constituées par une seule variété qui est connue sous le nom de chancre induré, chancre d'infection, etc. Comme lésion locale, le chancre induré est la plus bénigne de toutes celles dont l'anus et le rectum peuvent être affectés. Aussi a-t-on assez rarement l'occasion d'en observer dans les hôpitaux.

Ce chancre, provenant d'une contamination directe, est plus fréquent chez la femme que chez l'homme, parce que la sodomie est plus fréquente d'homme à femme que d'homme à homme, et parce que le simple contact des parties génitales de l'homme suffit pour infecter la vulve et les parties circonvoisines.

Solitaire d'habitude, il siége à la marge de l'anus ; cependant ou en aurait vu dans le conduit anal. Là, comme partout ailleurs, il a l'aspect d'une ulcération à bords non taillés à pic, de teinte plus ou moins foncée, et offre une induration qui diffère de l'induration inflammatoire en ce qu'elle est plus nettement limitée et plus résistante. Le pus est peu abondant, inoculable sur un sujet non contaminé par la syphilis, non inoculable sur l'individu porteur du chancre. Quand il siége à la marge, il est peu ou point douloureux ; mais la pléïade ganglionnaire est constante.

D'habitude, il se termine spontanément après une marche assez lente : l'ulcération se cicatrise et l'induration se résout ; mais bientôt apparaissent les divers accidents syphilitiques.

Le pronostic, au point de vue local, est très-peu grave.

Des soins de propreté formeront la base du traitement local ; mais si le diagnostic est assuré, on fera bien de commencer immédiatement le traitement anti-syphilitique.

2° LÉSIONS SECONDAIRES.

Elles sont constituées par les plaques muqueuses anales et les diverses lésions qui peuvent coexister avec les plaques : érosions, fissures, chancres mous, ulcères chroniques.

N'ayant à m'occuper ici que de la lésion locale, je n'ai point à discuter et à résoudre la question de savoir si les plaques muqueuses peuvent naître par contagion, c'est-à-dire être une des formes de l'exorde de la syphilis. Ce qu'il y a de certain, c'est qu'elles naissent et se développent sous l'influence de la maladie générale. Leur siége de prédilection est l'anus chez l'homme, et chez la femme la vulve, qui est affectée environ trois fois plus souvent que l'anus. Elles naissent surtout au niveau des replis de l'anus qui, s'hypertrophiant et s'œdématiant, ressemblent, sur une partie de leur étendue, à autant de petits condylomes envahis par la lésion syphilitique. Généralement plusieurs plis sont atteints ; mais l'ulcération ne remonte pas très-haut dans le conduit anal et semble ne pas dépasser la hauteur des replis radiés.

Les plaques muqueuses débutent par de petites papules rosées plus ou moins saillantes, qui bientôt se dépouillent de leur épiderme et fournissent une sécrétion opaline. Elles prennent les formes érosive, ulcéreuse, fendillée, papuleuse et végétante.

Les plaques muqueuses ulcérées proprement dites n'ont pas de siége spécial ; leurs bords sont plats ou saillants ; l'ulcération est inscrite dans la plaque qu'elle ne dépasse pas.

Les plaques muqueuses fendillées se développent à l'orifice même de l'anus, étendues sur deux replis voisins. Une fente placée entre les deux replis traverse la plaque et peut s'étendre au-delà en suivant la direction du pli cutané. Cet aspect spécial n'est pas dû à une espèce particulière de plaque muqueuse, mais bien à la configuration de la région.

Dans la forme papuleuse et végétante, les plaques muqueuses envahissent non seulement l'anus, mais souvent la partie inférieure du rectum qu'elles rétrécissent, apportent ainsi des troubles considérables dans la défécation et dans l'état général du sujet : douleur, contracture souvent avec spasme et névralgie. Les plaques fendillées présentent souvent, mais à un degré moindre, les mêmes phénomènes de douleur, de contracture, etc.

Le diagnostic des plaques muqueuses peut présenter de sérieuses difficultés, surtout pour les plaques ulcérées. — La plaque fendillée pourrait être confondue avec une simple fissure ; mais ses bords entourés d'une surface muqueuse et suintante, la concomitance de pléïades ganglionnaires et des autres accidents syphilitiques rendront l'erreur difficile. — La plaque ulcérée peut être confondue avec un chancre mou ; mais les bords taillés à pic, le fond grisâtre, etc., de ce dernier, la différence de l'induration, l'engorgement des ganglions inguinaux, éclaireront le diagnostic que l'inoculation enfin assurera.

Le traitement local consiste en soins de propreté et en cautérisations avec des solutions de nitrate d'argent, de chlorure de zinc, de nitrate acide de mercure. Le premier et le dernier de ces caustiques me semblent devoir être préférés.

Quant au traitement général, il ne peut être que celui des accidents secondaires : mercure et iodure de potassium, séparés ou bien réunis en un sirop contenant, par chaque cuillerée, 1 gramme d'iodure de potassium et 1 centigramme de bi-iodure de mercure.

LÉSIONS CONCOMITANTES AUX PLAQUES MUQUEUSES.

1° Les *érosions* ressemblent exactement à celles qui sont dues à la blennorrhagie ou aux chancres mous, et elles sont produites par les mêmes causes: frottement et imprégnation des tissus par un liquide virulent ou seulement irritant.

2° Les *fissures* ou rhagades (voir obs. VII) siègent toujours à l'orifice même de l'anus, entre deux replis, le plus souvent sur la ligne médiane. Elles ont la même forme que les fissures dues à la blennorrhagie. Les unes superficielles, à bords peu saillants, ont un fond rosé et strié longitudinalement; les autres plus profondes, ont leurs bords légèrement taillés à pic, mais non décollés et réguliers, un fond ordinairement rouge et un peu tomenteux. Les premières semblent être des fissures récentes, les secondes des fissures plus anciennes. Parfois elles présentent un petit condylome, mais jamais d'induration.

La suppuration est très-peu abondante; la contracture est presque constante, mais surtout avec les fissures qui sont douloureuses. La guérison est leur terminaison ordinaire; cependant si elles ne sont pas traitées et surtout s'il existe des hémorrhoïdes, elles peuvent se convertir en ulcères chroniques.

Dans la plaque muqueuse fendillée, la fissure et la plaque sont confondues. Si la plaque occupe l'orifice et siège sur les replis, la fissure est au-dessous d'elle, au fond des replis; si les plaques siègent à la marge, les rapports sont plus ou moins immédiats.

Les auteurs ne sont pas d'accord sur la nature de ces fissures. M. Alphonse Guérin (1) reconnaît à l'anus « deux espèces

(1) A. Guérin, Traité des maladies des organes génitaux externes de la femme.

de plaques muqueuses, les unes ne différant en rien de celles qui se développent sur le scrotum, par exemple ; les autres commençant par une hypertrophie des plis radiés de l'anus et se terminant par une ulcération fendillée, que les auteurs ont comprise dans la description des rhagades. » Donc, pour M. A. Guérin, ces fissures sont des manifestations syphilitiques. Je ne saurais, quant à moi, partager cette opinion. En effet, je retrouve dans ces fissures les caractères généraux des fissures dues à la blennorrhagie, et surtout les causes productrices sont absolument analogues: irritation et imprégnation par un liquide virulent des tissus qui deviennent plus friables et se gercent au moindre effort. Le traitement de ces fissures n'offre rien de particulier, et on ne devra l'entreprendre qu'après la cicatrisation des plaques muqueuses.

3° Les *chancres mous* (voir obs. VIII) de l'anus que l'on rencontre en même temps que les plaques muqueuses, ont pu se développer avant elles ou en même temps. Quelle est sur eux l'influence de la syphilis? Je ne saurais le dire. Ils présentent des caractères physiques et fonctionnels qui m'ont paru être semblables à ceux des chancres mous portés par des sujets non diathésiques. Leur marche seulement semble être un peu chronique. C'est chez les sujets affectés de ces chancres mous et de la syphilis en même temps que les rétrécissements dits syhilitiques du rectum (1) ont le plus de tendance à se produire.

Le traitement doit être surtout local, mais pour qu'il produise de bons et rapides effets, il doit être associé au traitement général antisyphilitique.

4° Les *ulcères chroniques* (voir obs. IX) concomitants aux plaques muqueuses ne m'ont semblé différer en rien des ulcères chroniques développés chez des sujets indemnes de

(1) Gosselin, *loc. cit.*

toute manifestation syphilitique. La diathèse syphilitique ne
doit agir sur ces affections que par les troubles de la nutrition
qu'elle détermine. Si les ulcères développés sur des sujets
syphilitiques et non hémorrhoïdaires sont plus faciles à guérir,
que ceux développés sur des individus syphilitiques et hémorrhoïdaires, cela tient, je crois, à ce que nous pouvons agir
efficacement contre les troubles nutritifs déterminés par la
syphilis et que nous sommes bien souvent impuissants devant
les hémorrhoïdes.

Le traitement doit être local et général : médication tonique
et fortifiante, lavements froids, légers laxatifs, mèches avec
topiques excitants, et cautérisation légère au crayon de nitrate
d'argent tous les huit jours.

<h3 style="text-align:center">3° LÉSIONS TERTIAIRES.</h3>

On rencontre rarement dans les hôpitaux spéciaux des lésions
tertiaires de la région anale. Pour moi, il ne m'a pas été donné
d'observer, ni au Hâvre, ni à Lourcine, ces syphilides circons-
crites et profondes, tardives et désignées sous le nom générique
de *lupus syphilitique*. En voici les traits principaux indiqués
par les auteurs : fond grisâtre, comme recouvert d'une pseudo-
membrane ; bords plus ou moins élevés, taillés à pic ; suppuration assez abondante ; cicatrices déprimées, non vascularisées,
brunes d'abord, puis blanches et lisses ensuite.

Quant aux ulcérations résultant de syphilides gommeuses
(hydro-adénites syphilitiques de Bazin), on les reconnaîtra
aux signes suivants : au début, petites tumeurs mobiles,
arrondies, dures, indolentes, s'immobilisant en augmentant de
volume et en se ramollissant ; puis ulcérations fistuleuses
taillées comme à l'emporte-pièce, laissant écouler un pus

39

saiieux très-plastique ; enfin, guérison avec cicatrice nummu-
laire fortement déprimée, lisse et blanchâtre.

Je citerai enfin des rétrécissements du rectum survenus chez
des sujets diathésiques ne présentant aucune lésion de l'anus
ou que des traces de lésions depuis longtemps guéries. Quelques chirurgiens les considèrent comme des accidents tertiaires
au même titre que certains rétrécissements trachéaux et œsophagiens. Je discuterai cette opinion un peu plus loin quand
je traiterai les rétrécissements consécutifs aux lésions vénériennes.

Observation VI (1).

Plaques muqueuses vulvaires et anales.

La nommée J... Marie, âgée de 26 ans, entrée le 6 novembre
1871, à l'hôpital du Hâvre, salle Sainte-Monique, n° 10, présente des plaques muqueuses sur les amygdales, la vulve et
l'anus, avec pléiades ganglionnaires inguinales et cervicales.

Cette malade était accouchée le 14 août précédent. Jusque-là
elle n'avait jamais été atteinte d'aucune maladie vénérienne.
Un mois environ après son accouchement, elle a vu son mari
qu'elle a su depuis avoir des plaques muqueuses aux bourses :
des pertes jaunes sont venues ; une quinzaine de jours après,
elle a éprouvé une courbature générale et s'est aperçue qu'il
lui venait des boutons aux parties.

Son enfant qu'elle a continué à nourrir va très-bien.

Les plaques muqueuses sont cautérisées tous les huit jours,
celles de l'anus avec une solution de nitrate d'argent, et celles
de la vulve avec une solution de nitrate acide de mercure.

(1) Hôpital du Hâvre.

21 décembre. Les plaques muqueuses sont guéries : celles de la vulve l'ont été les premières.

La malade reste à l'hôpital jusqu'au 8 janvier ; la guérison se maintient.

Son enfant, qu'elle a toujours nourri, tout en bien surveillant ses seins et en ne l'embrassant jamais sur les lèvres, n'a présenté aucun symptôme de syphilis.

Observation VII (1).

Plaques muqueuses de la vulve et de l'anus. — Vaginite. — Ulcération du col. — Fissure anale.

La nommée Guit.. Marie, âgée de 21 ans, infirmière, entrée le 20 février 1873, à l'hôpital de Lourcine, salle Saint-Bruno, n° 22, est malade depuis deux mois environ , époque à laquelle il lui est venu des boutons à la vulve, et en même temps une grande courbature.

A l'examen, on constate une vaginite assez intense et une ulcération du col à son orifice.

Au mois de mars, la malade éprouve un peu de gêne pendant la défécation, mais sans fortes douleurs. — On constate des plaques muqueuses à la vulve et à l'anus.

Cautérisation au nitrate d'argent.

Elle est à peu près guérie fin mai et entre comme infirmière dans le service, salle Sainte-Marie.

Au mois d'août, nouvelles plaques muqueuses à l'anus, puis douleur suraiguë pendant la défécation. — On constate une fissure sans contracture du sphincter.

Cautérisation au nitrate d'argent.

(1) Hôpital de Lourcine, service de M. Dubreuil.

21 octobre. Les plaques muqueuses ont disparu ; la fissure est remplacée par une petite surface opaline de cicatrisation, et la malade ne souffre plus en allant à la selle.

Novembre et décembre. — J'ai revu cette femme comme infirmière de la salle Sainte-Marie ; la guérison s'est parfaitement maintenue.

Observation VIII (1).

Plaques muqueuses et chancre mou de l'anus.

La nommée Gr. . Louise, âgée de 31 ans, entrée à l'hôpital du Hàvre, salle Sainte-Monique, n° 16, le 6 octobre 1871, est malade depuis le mois d'avril précédent. A cette époque, son mari, dans un moment d'ivrese, lui fit subir un rapprochement contre-nature : elle perdit un peu de sang et éprouva une vive douleur. L'anus, surtout pendant la défécation , continua à être douloureux. En mai et juin, il lui vint des boutons à l'anus puis à la bouche, des croûtes à la tête, des grosseurs au cou, et la gorge commença à être douloureuse.

A la fin de juin, elle entra à l'hôpital, y resta à peu près trois semaines et en sortit avant d'être guérie.

Enfin, ses souffiances s'aggravant, elle vient à la consultation et entre dans le service le 6 octobre.

A l'examen nous trouvons :

Pléïades ganglionnaires dans les deux aines ; le vagin est un peu rouge, le col rouge, un peu saignant, donne passage à un peu de muco-pus. A l'anus, les plis radiés sont un peu hypertrophiés et recouverts de plaques muqueuses. Puis, l'anus étant déplissé, nous découvrons une ulcération à bords taillés à pic

(1) Hôpital du Hàvre.

et à fond grisâtre, laquelle remonte jusqu'au bord supérieur du sphincter. Traitement mercuriel, cautérisation au nitrate acide de mercure et mèches.

21 octobre. Les plaques muqueuses présentent peu de modification; l'ulcération améliorée offre un fond rouge vif. — Douleurs moins vives.

29 octobre. Dessèchement des plaques muqueuses; cicatrisation de l'ulcération dont les bords sont moins saillants.

12 novembre. La partie la plus profonde de l'ulcération seule n'est pas encorce cicatrisée. — Plus de douleur.

8 décembre. Sortie de la malade; la guérison est complète.

Observation IX (1).

Plaques muqueuses anales et ulcère chronique de l'anus.

La nommée Br.. Amélie, âgée de 22 ans, est entrée à l'hôpital du Hâvre, le 26 novembre 1871, salle Sainte-Marie, n° 5.

Nous trouvons des pléïades ganglionnaires aux deux aines, et toute la région anale jusqu'à l'orifice rectal est recouverte de plaques muqueuses se continuant les unes avec les autres. Il existe plusieurs fissures entre les plis radiés. — Par le toucher rectal, nous découvrons une ulcération située sur la paroi droite, ne dépassant pas en haut le sphincter et se terminant en bas par un petit condylome. Elle est de forme allongée, à bords taillés à pic, non décollés; le fond est rouge vers le bord, un peu grisâtre au centre.

Cautérisation au nitrate acide de mercure et sirop de Gibert.

20 décembre. Les plaques cicatrisées ne présentent plus que

(1) Hôpital du Hâvre.

des surfaces rouges ; les fissures sont guéries ; l'ulcération anale marche lentement vers la cicatrisation.

15 janvier. L'ulcération n'est pas encore guérie, mais la malade ne ressent plus aucune douleur à l'anus, pas même pendant la défécation.

8 février. L'ulcération est remplacée par une surface rose opaline; le condylome a disparu. La guérison est complète et la malade quitte l'hôpital.

CHAPITRE II.

Rétrécissements du rectum consécutifs aux lésions d'origine vénérienne.

Les rétrécissements du rectum qui ont eu pour point de départ une maladie vénérienne, doivent-ils ou non être considérés comme des manifestations vénériennes? Boyer, A. Bérard, Lagneau, Vidal, les regardent comme tels, ainsi que plusieurs autres chirurgiens et syphiliographes. Il en est, comme je le disais un peu plus haut, qui décrivent des rétrécissements du rectum comme étant des accidents tertiaires, de la syphilis constitutionnelle, au même titre que certains rétrécissements trachéaux et œsophagiens. Cette opinion, fondée peut-être pour quelques rétrécissements, me semble ne plus l'être, dans la très-grande majorité des cas. M. Grynfeltt (1) appuyant cette

(1) Grynfeltt, *loc. cit.*

manière de voir, dit : « La plupart des cas de rétrécissements œsophagiens, donnés par les auteurs comme syphilitiques, sont fort douteux. » Aussi n'hésitai-je pas à me ranger à cette dernière opinion, défendue par Tanchou (1), Duchadoz et Costallat (2), à laquelle M. le Professeur Gosselin (3) prête sa grande autorité, et qui se résume en ces deux propositions empruntées au mémoire de M. Gosselin. — « 1° Le rétrécissement n'est qu'un accident d'une altération fort étendue du rectum ; — 2° cette altération est toute locale, et n'est pas l'expression de la diathèse syphilitique, » —ni, j'ajouterai, d'aucune des maladies vénériennes auxquelles elle peut succéder. Toutes les affections vénériennes peuvent être l'occasion, le point de départ d'un rétrécissement, mais celui-ci n'est l'expression, la manifestation d'aucune d'elles. « Sans avoir directement pour cause le chancre rectal, la blennorrhagie anale, les rapports à *præpostera venere*, les rétrécissements sont consécutifs au chancre anal.

Ils constituent une lésion de voisinage, produite par une inflammation remontée dans le rectum (4). »

Mais pour que cette inflammation « remonte dans le rectum » et que par suite le rétrécissement se produise, il faut que le terrain soit préparé, c'est-à-dire qu'il faut une prédisposition particulière de la constitution : personnes frêles, délicates, lymphatiques ou scrofuleuses, en un mot, mauvaise constitution ou affaiblissements des sujets (voir obs. XI). — « Dix de mes malades (sur douze), dit M. Gosselin, étaient blondes, pâles et anémiques, deux d'entre elles avaient eu positivement des affections scrofuleuses dans leur enfance ; j'ai dit que deux

(1) Tanchou, *loc. cit.*
(2) Duchadoz et Costallat, *loc. cit.*
(3) Gosselin, *loc. cit.*
(4) Grynfeltt, *loc. cit.*

avaient succombé à la phthisie. » — Aussi le rétrécissement du rectum d'origine vénérienne est-il beaucoup plus rare chez l'homme que chez la femme, chez la femme brune que chez la blonde. C'est qu'en effet, c'est parmi les blondes que l'anémie, la chloro-anémie, les scrofules, etc., exercent leurs plus grands ravages.

De ce qui précède, il ne faudrait pas cependant conclure que je nie la possibilité d'un rétrécissement vénérien chez un homme ou une femme dont la constitution serait bonne et non épuisée, car la raison et les faits me donneraient un trop prompt démenti. Il est évident, en effet, qu'un rétrécissement peut survenir chez un sujet non encore affaibli, à la suite d'une inflammation considérable et d'une large cicatrice dues à un chancre mou végétant, par exemple. Je ferai cependant remarquer en passant que les végétations, comme le phagédénisme, se rencontrent surtout chez les individus dont la constitution laisse à désirer pour une cause quelconque. J'ai voulu dire seulement que, dans l'immense majorité des cas, le rétrécissement du rectum se rencontre chez des individus à constitution mauvaise ou affaiblie.

Le rétrécissement, disais-je, n'est pas une manifestation de la maladie vénérienne avec laquelle il coïncide; il ne la reconnaît que comme cause occasionnelle. En effet, serait-ce un accident primitif? Non, car il n'y a d'accident primitif que le chancre d'infection, et certes cette lésion ne ressemble en rien au rétrécissement rectal. Quant à la blennorrhagie et au chancre mou, il est évident que le rétrécissement ne peut jamais être leur manifestation initiale. — Serait-ce un des accidents secondaires de la syphilis? Il peut se développer en même temps qu'eux, mais il en diffère essentiellement : les manifestations secondaires sont assez fugaces, siègent sur les couches superficielles des téguments, et cèdent assez facilement aux spécifiques; au contraire, le rétrécissement épaissit et indure profondément les tissus, et surtout il a une longué durée et résiste absolument aux spécifiques. — Ce n'est pas davantage un accident tertiaire, sauf peut-être de très-rares exceptions; car s'il ressemble aux manifestations tertiaires par l'épaississement de la muqueuse et l'induration du tissu sous-muqueux, il en diffère essentiellement par la structure des parties malades. M. Gosselin n'a rien trouvé qui ressemblât à la substance gommeuse. — Quant au chancre mou, amènera-t-il de lui-même un rétrécissement? Je ne le crois pas. S'il dure long-temps, si, se multipliant, il envahit tout ou grande partie du conduit anal, et surtout s'il est compliqué de végétations ou de phagédénisme, la durée de l'inflammation et le tissu cica-triciel qui remplacera le chancre et les végétations pourront amener et amèneront très-souvent un rétrécissement ; mais, dans ce cas, ce dernier ne sera pas une manifestation chan-creuse. — Il ne sera pas davantage une manifestation blen-norrhagique, parce qu'il aura succédé à une chaudepisse qui, surtout si elle est anale, aura pu entretenir pendant longtemps une inflammation plus ou moins vive dans le rectum, se com-pliquer de végétations, et enfin donner naissance à des éro-sions et à des fissures nombreuses dont le tissu cicatriciel sera, avec l'inflammation, bien entendu, mais non la virulence, la cause du rétrécissement.

Le rétrécissement rectal n'étant pas une manifestation véné-rienne, mais, reconnaissant ces maladies pour causes occasion-nelles, quels sont donc son mode de production et sa marche? « Le rétrécissement rectal survient à la suite d'une inflamma-tion toute spéciale, qui se développe au niveau des chancres de l'anus, remonte au-dessus d'eux. Ainsi donc, chancres et condylomes de l'ouverture anale, suppuration dans la portion sphinctérienne du rectum; plus tard, rétrécissement à la jonc-tion des portions sphinctérienne et ampullaire, et suppuration dans la région ampullaire (1). » Cette manière de voir m'a été pleinement confirmée par les quelques observations que j'ai pu faire; j'ajouterai seulement que, dans les cas de rétrécissements consécutifs à des fissures blennorrhagiques ou autres, le mécanisme est absolument le même.

N'ayant jamais eu l'occasion de faire l'autopsie de cette affection à aucune des périodes de son développement, j'emprunterai, en l'abrégeant, la description des caractères anatomiques de cette maladie à M. Gosselin, qui a pu faire l'étude cadavérique de trois cas de rétrécissement datant déjà de plusieurs années. (Voir obs. XI.)

1° Du côté de l'anus, on trouve assez habituellement des condylomes, un ou plusieurs, de volumes variables.

2° Du côté de la portion sphinctérienne : Dans les portions moyenne et inférieure, la muqueuse est rouge, couverte de pus ou de mucus sanguinolent ; çà et là elle est boursoufflée et forme des saillies mamelonnées grosses comme des grains de chènevis ou des pois. On trouve aussi quelquefois des cicatrices consécutives à des ulcérations de la région, et des ouvertures fistuleuses, orifices profonds de fistules recto-vaginales et anales. Quoique indurée par places, cette partie a conservé son extensibilité normale.

A la portion supérieure, à sa jonction avec la portion ampullaire et empiétant sur cette dernière, siége le rétrécissement proprement dit, formé par un tissu dur, inextensible, au niveau duquel le calibre de l'intestin est sensiblement diminué. Si la maladie est un peu ancienne et n'a subi aucun traitement, il est rare que l'indicateur puisse franchir le rétrécissement, mais le petit doigt le plus souvent peut y passer. M. Gosselin n'a jamais rencontré d'oblitération complète, ni même de rétrécissement assez considérable pour s'opposer entièrement à l'issue des matières stercorales.

(1) Gosselin, *loc. cit.*

« Dans la plupart des cas, si non dans tous, les rétrécissements syphilitiques ne sont pas à plus de 5 ou 6 centim. au-
dessus de l'anus, et il y a là, à la jonction des portions sphinctérienne et ampullaire du conduit un siège de prédilection. »
La longueur du rétrécissement atteint rarement un centimètre ;
le doigt, s'il peut le franchir, arrive facilement à la limite
supérieure.

C'est un anneau dur et épais, se continuant insensiblement
au-dessus et au-dessous avec la muqueuse, légèrement altérée
elle-même, et ayant présenté une épaisseur de 5 à 10 millimètres sur le cadavre. M. Gosselin a trouvé la structure fibreuse
dans ses trois autopsies, mais sans pouvoir déterminer nettement si le tissu fibreux inextensible qui formait le contour de
l'obstacle était cicatriciel ou formé par la muqueuse et le tissu
cellulaire sous-muqueux épaissis ; cependant il penche pour
cette dernière opinion. Enfin, dans aucune de ses autopsies, ni
au niveau de l'obstacle, ni dans son voisinage, il n'a rencontré
rien qui ressemblât à une gomme, et permit de voir dans une
altération de la couche musculaire le point de départ de la
maladie.

5° Dans la portion ampullaire, il existe toujours une inflammation suppurative trahie, pendant la vie, par l'écoulement
d'une certaine quantité de pus, au moment où l'on retire le
doigt après avoir franchi le rétrécissement.

Sur le cadavre : à la face interne de l'intestin, rougeur,
injection capillaire très-prononcée et érosion fort étendue de
la muqueuse. Cette érosion consite en une destruction de
l'épithélium et des couches superficielles du derme et plus particulièrement de sa couche glanduleuse. Dans les trois cas, on a
constaté une hypertrophie très-prononcée des fibres circulaires
de la couche musculaire.

Ces altérations et particulièrement l'exulcération de la surface interne occupent une hauteur de 10 à 12 centimètres, et

sont réparties sur toute la périphérie de l'intestin. L'exulcération s'arrête à une profondeur variable entre 15 et 20 centimètres au-dessus de l'anus, et se termine par un bord festonné
au-dessus duquel la muqueuse reprend tout-à-coup son aspect
naturel.

4° La portion supérieure ou sus-ampullaire n'offre qu'une
injection vasculaire peu abondante et très-disséminée. — Le
reste de l'intestin est sain ou à peu de chose près (1).

Les symptômes de cette affection, indiqués par tous les auteurs, sont : s'il y a constipation, ce qui est rare, difficulté et
douleur pour aller à la selle ; mais ordinairement, surtout si la
maladie date de loin déjà, il y a diarrhée, et alors les malades
éprouvent pendant quelques heures des coliques vives se terminant par une selle liquide. Ils ressentent aussi des ténesmes
plus ou moins fréquents, calmés par l'expulsion d'un peu de
pus ou de mucosités sanguinolentes.

Un des symptômes les plus importants est la suppuration. En
effet, dans le cours de la journée, les malades rendent plusieurs
fois du pus avec ou sans effort ; et même il arrive assez souvent
que pour satisfaire au besoin d'expulsion du pus, on est obligé,
si l'on a placé une mèche dans le rectum, de la retirer. C'est
l'exulcération ampullaire qui fournit en grande partie cette
suppuration, laquelle par sa durée, due à la difficulté de guérir
l'exulcération, devient la cause principale de l'affaiblissement
des malades, chez lesquels on constate la pâleur, l'amaigrisse-
ment, la perte des forces, etc. Ces malheureux, en effet, à la
suite de troubles intestinaux et de coliques très-longs perdent
l'appétit, digèrent mal, et pour peu qu'ils soient prédisposés à
quelque maladie grave, on voit celle-ci se développer et marcher
rapidement. (Voir obs. XI.)— « Parmi les trois malades qui ont

(1) Gosselin, *loç. cit.*

succombé sous mes yeux, deux furent emportées par une phthisie rapide dont elles n'avaient jusque-là présenté aucun symptôme (1). »

Quant au diagnostic, on ne peut le formuler d'une façon certaine que par la vue et le toucher surtout. Le rétrécissement rectal étant constaté, on le reconnaîtra comme étant d'origine vénérienne, à sa position peu profonde, à la suppuration, à la présence de condylomes, et enfin à l'existence antérieure d'accidents vénériens. Les autres rétrécissements, en effet, siègent d'ordinaire plus haut dans le rectum, ne s'accompagnent que de peu ou point de suppuration et surtout gênent bien plus sérieusement la défécation.

Le pronostic ne saurait trop être réservé, et pour peu que la maladie soit ancienne, on doit toujours porter un pronostic grave.

J'ai pensé qu'il serait utile de citer ici textuellement les conclusions du travail de M. Gosselin sur les rétrécissements dits syphilitiques du rectum, parce que ces conclusions me semblent devoir s'appliquer rigoureusement à tous les rétrécissements rectaux d'origine vénérienne :

1° Le rétrécissement dit syphilitique du rectum n'est point un accident constitutionnel, mais est une lésion de voisinage développée au-dessus des chancres de l'anus ;

2° Il est peu éloigné de l'ouverture anale et s'accompagne habituellement de condylomes et de suppuration intrà-rectale ;

3° Au-dessus de lui, il y a fréquemment une exulcération étendue de la muqueuse, qui donne à la maladie une partie de sa gravité ;

4° Le traitement spécifique est insuffisant et peut être dangereux. Le traitement chirurgical par la dilatation et les incisions est le meilleur ; mais il est plus souvent palliatif que

(1) Gosselin, *loc. cit.*

curatif, et doit être employé autant de fois que le rétrécissement se reproduit.

Les trois premières propositions de M. Gosselin me semblent être l'expression absolue de la vérité ; quant à la qua-
trième, celle qui est relative au traitement, elle se divise en
deux parties : traitement interne et traitement chirurgical.

M. Gosselin conseille de se défier des spécifiques et surtout
des mercuriaux, qui, sans action sur le rétrécissement, augmen-
tent la diarrhée et l'affaiblissement ; mais il recommande les
toniques : double et excellent conseil.

Comme procédé opératoire, il combine les incisions avec la
dilatation et fait, selon les cas, trois, quatre, cinq incisions ;
après quoi, il introduit une grosse mèche pendant plusieurs
semaines. — « Le résultat immédiat est toujours favorable ;
mais le rétrécissement se reproduit au bout d'un certain temps
et de nouvelles incisions sont nécessaires. » Ainsi donc, de
l'aveu de M. Gosselin, les incisions combinées à la dilatation
ne sont que palliatives, à moins, et encore, que le rétrécissement
ne soit peu considérable et de date récente.

Quant aux dilatations lente et brusque, combinées ou sé-
parées, elles ne peuvent avoir d'efficacité que dans les cas très-
légers et très-récents (voir obs. XII). Enfin, M. le Professeur
Benoit (1) dit : « Quant à moi...., je ne puis lui *(méthodes des
incisions et de l'excision)* être favorable, et le souvenir de mes
lectures et de mes propres observations dépose, aussi bien que
la théorie, contre son importance. » Cet éminent Professeur
condamne également la dilatation, parce qu'elle ne remplit pas
le but qui est « d'attaquer la fibre elle-même qui a subi l'altération. »

Partant de cette idée, le savant Professeur d'anatomie de
notre Faculté a proposé et mis en pratique un procédé opé-

(1) Benoit, *loc. cit.*

ratoire qui consiste à mortifier le tissu formant le rétrécissement par la compression faite à l'aide d'un instrument à
mors plats et élargis. Ce procédé, si simple dans son appli-
cation, ne peut, comme ledit M. Benoît lui-même, servir dans
tous les cas. De plus, on peut lui faire deux objections : la
première, c'est que souvent on n'enlèvera qu'une portion plus
ou moins considérable du tissu stricturant ; la seconde, c'est
que l'inflammation éliminatrice qui détachera l'eschare, sera
suivie d'une suppuration et par conséquent d'une cicatrice.
Et certainement dans l'un et l'autre cas, on doit craindre la
récidive du rétrécissement. De ces observations, je crois devoir
conclure que le procédé de M. Benoit, utile bien souvent, ne
peut être considéré comme absolument curatif des rétrécissements du rectum.

Restait donc à trouver un procédé opératoire qui fût réellement curatif de cette terrible affection, si pénible et si dangereuse pour les malheureux qui en sont atteints, et réputée
incurable jusqu'au milieu même de notre siècle. C'est ce pro-
blème chirurgical que M. le Professeur Verneuil (voir obs. X)
me semble avoir résolu en recommandant la rectotomie
linéaire ou section longitudinale de l'intestin à l'aide de l'écraseur (1). Je vais essayer de décrire ce procédé, aussi brièvement
que possible, renvoyant pour plus de détails au mémoire lu
par M. Verneuil à la Société de chirurgie et à la discussion qui
suivit cette lecture, procédé auquel les paroles suivantes de
M. Chassaignac donnent une nouvelle autorité :

« Tout procédé qui ne divise pas le rétrécissement dans toute
son épaisseur, ne remédie en rien au mal, par la raison bien
simple que la portion qui n'est pas divisée, continuant à agir
annulairement, rétablit la stricture à son premier degré, malgré
l'emploi des moyens dilatants. »

(1) *Gazette des hôpitaux,* loc. cit.

M. Verneuil, après avoir fait la critique des moyens employés jusqu'ici, dilatations par les mèches ou les divers dilatateurs, incisions superficielles ou profondes, combinées à la dilatation, décrit son procédé de rectotomie linéaire, dont je rapporterai seulement les points principaux, sans entrer dans les détails sur la manière d'introduire la chaîne, d'opérer la section, etc.

1° Inciser verticalement la paroi rectale de haut en bas, de manière à ce que la section comprenne la totalité de la virole indurée, ou en d'autres termes le rétrécissement dans toute son épaisseur et surtout dans toute sa hauteur, y compris même, si faire se peut, quelques millimètres de la paroi saine à la limite supérieure du rétrécissemeut.

2° Débrider tous les trajets fistuleux principaux et accessoires comme dans les cas ordinaires de fistules à l'anus. — Exécuter en une seule séance autant que possible.

Si les trajets fistuleux sont trop nombreux, M. Verneuil associe le bistouri à l'écraseur; seulement, dans ce cas, il cautérise au fer rouge les lèvres des plaies. En associant l'écraseur, le bistouri et le cautère actuel, on réalise, dit-il, plusieurs avantages : le bistouri abrège la durée de l'opération, la chaîne et le fer rouge économisent le sang, avantage précieux chez des sujets presque toujours plus ou moins épuisés ; de plus, la cautérisation, outre qu'elle rend les plaies inaptes aux absorptions putrides, est le résolutif le plus puissant des indurations et des callosités. Enfin, par son emploi, il n'est pas rare de voir la fièvre manquer absolument, même après les débridements les plus larges et les plus profonds.

Chez tous les malades opérés par M. Verneuil, la section du rectum largement pratiquée a produit des résultats rapides et restés durables chez la plupart.

L'aspect de la région, dit M. Verneuil, est horrible après l'opération ; mais au bout d'une semaine, les plaies deviennent vermeilles et se cicatrisent promptement. Il ne faut pas placer de mèches dans le rectum, seulement quelques plumasseaux de charpie sèche dans les sillons superficiels les plus creux, et enfin placer quelques compresses imbibées d'eau fraîche posées à plat sur le périnée et maintenues par un bandage en T. A partir du deuxième jour, on doit faire, deux ou trois fois par jour, des irrigations douces avec de l'eau chlorurée alcoolisée ou phéniquée.

Le lieu d'élection, selon M. Verneuil, de la rectotomie linéaire, quand le choix est libre et qu'aucun trajet fistuleux ne sillonne la marge de l'anus, est le raphé médian postérieur ou la ligne étendue de la pointe du coccyx à la commissure anale.

« Tout me porte à croire, dit encore M. Verneuil, que la section verticale du rectum, pratiquée sur la ligne médiane et à l'aide de l'écraseur, constitue un moyen à la fois efficace, innocent et d'une exécution facile contre les rétrécissements spasmodiques ou fibreux de la partie inférieure du rectum, toutes les fois qu'ils ne sont pas situés à plus de cinq centimètres au-dessus de l'orifice anal. » — Je me hâte de faire remarquer que ces paroles peuvent et doivent s'appliquer surtout aux rétrécissements d'origine vénérienne, car ce sont eux presque exclusivement qui siégent à peu près à la hauteur indiquée par M. Verneuil. C'est pourquoi j'ai cru qu'il serait bon de signaler ici cette nouvelle méthode opératoire à laquelle on a objecté des critiques, à mon avis, exagérées, et qu'au contraire des avantages sérieux et authentiques me semblent devoir recommander à l'attention des chirurgiens.

J'emprunte au mémoire de M. Verneuil l'observation suivante, bien que le sujet en soit un homme, parce que le résultat obtenu m'en a paru décisif et concluant.

Observation X (1).

Accidents syphilitiques. — Fistules à l'anus. — Rétrécissement rectal.

En 1864, je trouvai à l'hôpital du Midi un homme de lettres de 40 ans environ et qui paraissait en avoir 50, tant sa constitution, primitivement des plus belles, était minée par de nombreuses maladies vénériennes et par des fistules anales, multiples, dont il souffrait depuis 4 ans au moins. Le scrotum, parcouru par plusieurs trajets fistuleux, avait triplé de volume.

M. Follin avait opéré déjà successivement un certain nombre de ces fistules : le malade était soulagé mais non guéri, et conservait encore au moins une douzaine d'orifices suppurants. L'un d'eux me conduisit après plusieurs explorations au-dessus de la masse calleuse qui obstruait le rectum et dans laquelle je reconnus un rétrécissement de très-longue date.

Je parvins, après une séance des plus laborieuses, à introduire la chaîne de l'écraseur, après quoi je fis la section et en restai là pour ce jour. Les troubles de la rétention qui avaient persisté malgré les premières opérations, cédèrent comme par enchantement.

Dans les mois qui suivirent, j'opérai en deux séances le reste des fistules.

A la fin de 1864, le malade avait repris son embonpoint et sa bonne mine. Tout était cicatrisé, et la défécation se faisait sans la moindre difficulté. La guérison est restée radicale. J'ai revu bien des fois depuis cet opéré qui m'a affirmé qu'il était absolument débarrassé de toute trace de sa cruelle maladie.

Deux ans après, j'ai examiné la région. Les téguments avaient

(1) Verneuil, *loc. cit.,* obs. II.

repris leur souplesse, et les cicatrices, bien que fort apparentes, ne donnaient aucune idée des énormes débridements que nous avions pratiqués.

Observation XI (1).

Rétrécissement du rectum. — Tubercules pulmonaires. — Autopsie.

C'était une femme de 25 ans, qui avait été longtemps bien portante. Elle entra dans mon service le 10 juillet 1852, malade depuis cinq mois, et offrant des condylomes à l'anus et des tubercules saillants et ulcérés dans la portion sphinctérienne du rectum, avec un rétrécissement situé à 4 centimètres au-dessus de l'anus. Elle avait un écoulement habituel et abondant de pus, sans rétention des matières fécales, et une diarrhée chronique. Je la mis à l'usage de l'iodure de potassium et du vin de quinquina, des mèches enduites tantôt de cérat opiacé, tantôt d'onguent mercuriel. Les forces se relevèrent un peu; cependant elle restait toujours maigre, avait la figure fatiguée, mangeait peu, avait fréquemment de la diarrhée et des coliques.

Pendant plus de deux ans qu'elle est restée sous mes yeux, je ne lui ai jamais vu de symptômes constitutionnels ; à diverses reprises, elle fut tourmentée par des douleurs que lui occasionnaient, au moment de la défécation, des ulcérations rebelles qui se formaient sur les condylomes et jusque sur les tubercules hypertrophiqués de la portion sphinctérienne du rectum.

A la fin de 1853, le 10 décembre, après vingt mois de séjour à l'hôpital, elle avait obtenu une certaine amélioration : les ulcères rebelles étaient cicatrisés, les condylomes de l'anus

(1) Gosselin, *loc. cit.*, obs. I.

flasques et pour la plupart transformés en hémorrhoïdes, les tubercules et les indurations de la muqueuse sphinctérienne avaient disparu pour faire place à une surface lisse et uniforme ; le rétrécissement lui-même avait diminué et laissait librement passer le doigt indicateur qu'au début du traitement il était impossible d'introduire. Les forces étaient revenues, mais les digestions étaient encore troublées et la suppuration continuait; le pus s'échappait spontanément ou bien s'accumulait au-dessus du rétrécissement et provoquait des besoins de défécation.

Dans cet état, elle voulut sortir absolument de l'hôpital ; j'y consentis. Elle ne cessa pas de rendre du pus par l'anus, puis bientôt survint une toux rebelle qu'elle n'avait eu ni pendant son séjour à l'hôpital, ni auparavant. Lorsqu'elle rentra, le 5 avril 1854, un peu plus de trois mois après sa sortie, elle toussait continuellement, crachait du pus, avait une fièvre continue, avec des exacerbations le soir et des sueurs nocturnes. Au bout de quelques semaines, des excavations devinrent évidentes au sommet du poumon droit ; la phthisie marcha rapidement, et cette pauvre femme succomba le 28 mai.

A l'autopsie, nous avons trouvé dans le poumon droit des cavernes et des tubercules infiltrés; dans le poumon gauche, des infiltrations analogues. — Le rectum a été déposé au musée Dupuytren.

Il est permis de penser que l'épuisement causé par cette suppuration continuelle et abondante qui avait sa source dans la lésion étendue de la portion ampullaire du rectum, a dû contribuer au développement de la phthisie. Rien en effet chez elle n'annonçait une prédisposition à cette maladie; non seulement elle avait toujours été bien portante, mais personne dans sa famille n'avait eu de maladie semblable. Elle avait sept frères et sœurs, tous ayant eux-mêmes des enfants et aucun n'avait été phthisique. Ses père et mère avaient eux-mêmes été bien portants; seulement elle était venue la huitième, son père avait

alors 50 ans et était mort quelques mois après par suite d'excès
d'ivrognerie.

Je rapporte l'observation suivante, bien qu'elle n'offre pas
un grand intérêt, mais parce qu'elle m'est personnelle, et parce
que, dans ce cas, les dilatations lente et brusque combinées
nous ont donné un très-bon résultat. N'ayant point revu la
malade, je ne sais si la guérison qui semblait — au moins
momentanément — presque complète et assurée, se sera maintenue.

Observation XII (1).

Chancres de l'anus. — Rétrécissement du rectum.

La nommée Ba... Louise, âgée de 23 ans, entrée le 9 septembre 1871, salle Sainte-Marie, N° 7, est très-constipée et
rend du sang avec ses matières. Celles-ci sont effilées, striées de
sang et de sanie purulente ; de plus, la malade éprouve de
fréquents besoins d'aller à la selle, besoins satisfaits par l'issue
d'un peu de pus. Elle affirme n'avoir jamais eu ni boutons aux
parties, ni taches sur la poitrine, ni mal de gorge, ni croûtes
dans les cheveux, lesquels cependant sont un peu tombés
depuis qu'elle est malade.

Plusieurs condylomes siègent sur le pourtour de l'orifice
anal, un surtout en arrière, plus large et plus saillant, présente
à sa face interne une ulcération qui remonte dans le rectum
jusqu'au niveau du bord supérieur du sphincter, lequel est
contracturé. Le doigt est arrêté un peu plus haut par une
saillie molle, irrégulière, par laquelle le canal est rétréci. On

(1) Hôpital du Hâvre.

franchit assez facilement cette valvule, et alors on arrive sur
une surface large et lisse. Une grosse larme de matière épaisse
et jaunâtre suit le doigt lorsqu'on le retire. — L'ulcération,
allongée suivant l'axe du rectum, plus large en haut, présente
des contours irréguliers, mamelonnés, des bords taillés à pic,
un fond grisâtre, et, en haut surtout, de petites saillies d'un
rouge assez vif, lesquelles se continuent avec le tissu du rétrécissement qui est mamelonné et rouge vif.

25 septembre. — La malade est chloroformée et le rétrécissement dilaté; ses tissus ont cédé assez facilement. Nous plaçons
des mèches journalières volumineuses, enduites de pommade à
l'extrait de ratanhia et de belladone, et l'ulcération anale est
cautérisée tous les huit jours.

Peu à peu la douleur disparaît et les selles sont de moins en
moins pénibles. Le rétrécissement est remplacé par une surface mamelonnée irrégulière qui ne fait pas saillie ; l'ulcération
marche à sa guérison et ses bords se continuent avec le fond
qui est d'un beau rouge ; enfin, la quantité de pus qui s'écoule
par l'anus diminue sensiblement.

15 février. — Le rétrécissement n'a pas reparu ; il ne reste
plus de l'ulcération qu'une très-petite surface dont la cicatrisation est encore incomplète et n'occasionnant aucune douleur. La complète guérison semble assurée, mais la malade,
sans l'attendre, quitte l'hôpital.

Je bornerai ici ce travail, en rappelant la pensée qui me l'a
fait entreprendre, pensée que j'ai mise à exécution dans la me-
sure de mes moyens et qui peut se résumer en ces quelques
mots : — grouper toutes ensemble les affections de même origine, c'est-à-dire d'origne vénérienne, pouvant être le point de
départ, la cause occasionnelle d'une seule et même maladie,

le rétrécissement du rectum, et, comme complément, étudier brièvement ce dernier mode morbide, surtout au double point de vue de son étiologie, de sa nature et du nouveau procédé opératoire proposé et pratiqué avec succès par M. le professeur Verneuil.

FIN

Vù, permis d'imprimer :
Le Censeur-Président,
ROUGET.

Vu :
Pour le Recteur,
L'Inspecteur d'Académie délégué,
S. PEYROT.

QUESTIONS TIRÉES AU SORT

Auxquelles le Candidat doit répondre verbalement
en exécution de l'Arrêté du 22 mars 1842.

Chimie Médicale et Pharmacie.

L'acide azotique au point de vue chimique et pharmaceutique.

Physique Médicale.

Théorie du microscope composé.

Botanique et Histoire Naturelle Médicale.

Indiquer les phénomènes et les causes probables du mouvement brownien.

Anatomie.

Du système osseux considéré sous le rapport histologique.

Physiologie.

Qu'est-ce que l'on doit entendre par chronologie humaine ?

Pathologie et Thérapeutique générales.

En quoi et comment l'étiologie profite-t-elle à la connaissance des maladies ?

De l'asthme, combien d'espèces ?

Des luxations de la rotule.

Des indications dans les maladies simples.

De la désarticulation du coude.

De l'ouverture des cadavres sous le rapport médico-légal.

Quels conseils faut-il donner aux vieillards pour la conservation des fonctions sexuelles ?

De l'hémorrhagie utérine au dernier terme de la grossesse.

Indications de la thérapeutique diététique.

Quels sont les cas qui peuvent nécessiter la résection de la tête de l'humérus ?

Lésions de l'anus d'origine vénérienne et rétrécissements consécutifs du rectum chez la femme.

FACULTÉ DE MÉDECINE
DE MONTPELLIER.

Professeurs.

MESSIEURS :

BOUISSON, O. ✠ ✠, DOYEN.	*Opérations et appareils.*
BOYER ✠.	*Pathologie externe.*
DUMAS ✠.	*Accouchements.*
FUSTER ✠✠.	*Thérapeutique et Matière médic.*
MARTINS, O. ✠ ✠✠.	*Botanique et Histoire Natur. méd.*
DUPRÉ ✠ C ✠.	*Clinique médicale.*
BENOIT ✠ ✠.	*Anatomie. Clinique des maladies syphilitiques et cutanées.*
ANGLADA ✠.	*Pathologie médicale.*
COURTY ✠.	*Clinique chirurgicale.*
BÉCHAMP ✠✠.	*Chimie médicale et Pharmacie.*
ROUGET ✠, PRÉS.	*Physiologie.*
COMBAL ✠ ✠.	*Clinique médicale.*
FONSSAGRIVES, O. ✠✠✠✠.	*Hygiène.*
MOUTET.	*Clinique chirurgicale.*
CAVALIER, *Ex.*	*Pathologie et Thérapeutique gén.*
MOITESSIER ✠.	*Physique médicale.*
ESTOR.	*Anatomie patholog. et histologie.*

JAUMES, agrégé.	*Clinique des maladies syphilitiques et cutanées.*
CASTAN, agrégé.	*Histoire de la médecine*

Agrégés en exercice.

MESSIEURS :	MESSIEURS :
CASTAN, *Ex.*	SABATIER ✠.
BATLLE.	SICARD.
SAINTPIERRE.	HAMELIN.
VIGNAL, *Ex.*	GRYNFELTT.
BERTIN.	MASSE.
JAUMES.	DE GIRARD.
GARIMOND.	PÉCHOLIER.

SERMENT.

En présence des Maîtres de cette École, de mes chers condisciples et devant l'effigie d'Hippocrate, je promets et je jure au nom de l'Être suprême, d'être fidèle aux lois de l'honneur et de la probité dans l'Exercice de la Médecine. Je donnerai mes soins gratuits à l'indigent, et n'exigerai jamais un salaire au-dessus de mon travail. Admis dans l'intérieur des maisons, mes yeux ne verront pas ce qui s'y passe ; ma langue taira les secrets qui me seront confiés, et mon état ne servira pas à corrompre les mœurs ni à favoriser le crime. Respectueux et reconnaissant envers mes Maîtres, je rendrai à leurs enfants l'instruction que j'ai reçue de leurs pères.

Que les hommes m'accordent leur estime si je suis fidèle à mes promesses ! Que je sois couvert d'opprobre et méprisé de mes confrères si j'y manque !